キッズ生活探検
おはなしシリーズ

ぼうけんしよう お金のせかい

斉藤洋とキッズ生活探検団
森田みちよ 絵

玉川大学出版部

キッズ生活《せいかつ》探検《たんけん》
おはなしシリーズ

ぼうけんしよう　お金《かね》のせかい

目《もく》次《じ》

リスとリュックと竜《りゅう》のうろこ

斉藤洋《さいとうひろし》 作《さく》 森田《もりた》みちよ 絵《え》

ミゲルとぼうけんしよう　お金《かね》のせかい

キッズ生活探検団《せいかつたんけんだん》 文《ぶん》（イラスト 中浜小織《なかはまさおり》）——64

リスとリュックと竜《りゅう》のうろこ

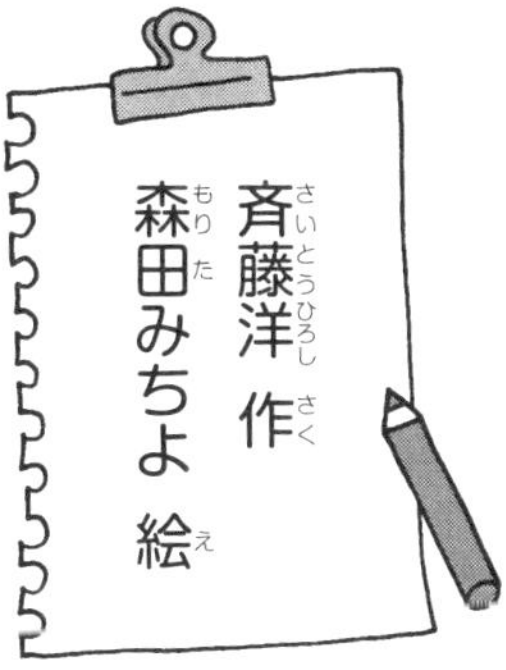

斉藤洋《さいとうひろし》 作《さく》
森田《もりた》みちよ 絵《え》

お話《はなし》のまえに

今《いま》も昔《むかし》も、ふつうのリスはリュックなんか、せおっていません。でも、昔《むかし》、たった一《いっ》ぴきだけ、リュックをせおったリスがいました。そして、リュックをせおっていたことが、そのリスに大《だい》ぼうけんをさせることになったのです。これは、そのリスの物語《ものがたり》です……。

1　ミゲル、オレンジ色《いろ》のダイコンを食《た》べる

そのリスは灰色《はいいろ》で、ミゲルという名《な》まえでした。ミゲルは森《もり》の中《なか》の一本《いっぽん》の太《ふと》い木《き》にあなをほり、その中《なか》にすんでいました。

ある朝《あさ》、ミゲルは野原《のはら》で、根《ね》がオレンジ色《いろ》のダイコンを見《み》つけました。つまり、ニンジンです。ミゲルは根《ね》のまわりをほって、

「えんやら、どーん！」

とかけ声《ごえ》をかけて、ニンジンを地面《じめん》から引《ひ》きぬきました。というより、かかえぬきました。そして、根《ね》にガブリとかみついてみると、これがやわらかくて、なかなかおいしいではありませんか。人間《にんげん》にとっては、なまのニンジンは

ちょっとかたいかもしれませんが、リスの歯《は》はものすごくじょうぶなので、ニンジンなんて、なんでもありません。

ミゲルは食《た》べられるだけ食《た》べて、のこりはリュックにいれ、木《き》のあなに、はこびました。そして、ニンジンをリュックからだし、あなのすみっこにたてかけておいたのですが、なにしろニンジンですから、しばらくするとくさってしまい、いやなにおいがするようになってきました。

もったいないなあ。これからはニンジンを見《み》つけたら、なるべく早《はや》く食《た》べてしまわなきゃ……。

ミゲルはそう思《おも》いました。

2　ミゲル、クルミを見《み》つける

ニンジンがくさってしまってから、何日《なんにち》かたちました。

夕《ゆう》がた、木《き》から木《き》へ、えだからえだへと、ピョコタン、ピョコタンとびうつっているとき、ミゲルは、一本《いっぽん》の木《き》のえだに、ひとかかえほどもあるまるい実《み》がたくさんなっているのを見《み》つけました。ひとかかえといっても、それはミゲルにとってのひとかかえですから、人間《にんげん》にしてみれば、てのひらにのるくらいの大《おお》きさでしかありません。

ブドウかな……。

ミゲルはそう思《おも》いましたが、ブドウにしては、ひとつぶが大《おお》きすぎるし、見《み》たところ、なんだかかたそうです。

ミゲルはへたをガジガジかんで、ひとふさ、地面《じめん》におとしました。それからじぶんも下《した》におりていき、ふさから実《み》をもぎとって、ガリリンとかじってみました。

やっぱり、ブドウのようにはやわらかくありません。といっても、リスの歯《は》はじょうぶですから、かわはすぐにパリリンととれました。ところが、かわがむけたあと、中《なか》からでてきたたねが、これまたかたいのです。しかも、かわよりもずっとかたいのです。いくら、リスの歯《は》がじょうぶでも、一度《いちど》のガリリンでパリリンとわれはしませんでした。何度《なんど》もガリガリかんで、ようやく、あながあき、そのあなをガリコンガリコンかんで、大《おお》きくしました。すると、中《なか》からでてきたのは、やわらかくて、ほんのりあまいものでした。

つまり、それはクルミだったのです。

ミゲルはひとつ食《た》べてしまうと、あとはリュックにいれて、じぶんの木《き》のあなにはこびました。もちろん、ミゲルのリュックはそんなに大《おお》きくありませんから、一度《いちど》にはいるのはふたつくらいです。ミゲルはおとしたクルミだけではなく、ほかのえだからもクルミをおとし、何十回《なんじっかい》もいったりきたりして、じぶんのあなをクルミでいっぱいにしました。

クルミはニンジンとちがって、かんたんにはくさりません。長《なが》くとっておけるので、毎日《まいにち》、外《そと》に食《た》べものをさがしにいかなくても、だいじょうぶになりました。

ああ、きょうは外《そと》にいくのがめんどうくさいなあ、と思《おも》う日《ひ》は、一日《いちにち》あなにいて、おなかがへったらクルミを食《た》べればいいのです。それだけではありません。食《た》べものをさがすのではなく、ただ見物《けんぶつ》がめあてで、外《そと》にでかけるようにもなりました。リュックにクルミをいれておけば、半日《はんにち》食《た》べものが見《み》つからなくても、おなかがへったら、リュックからクルミをだして、食《た》べればいいのですから。

そんなわけで、いままでだったら、食《た》べものをさがすことばかりに気《き》をとられて、のんびりながめるようなことがなかったものまで、ミゲルはゆっくりと見《み》るようになりました。それは、たとえば、白《しろ》いくもとか、青《あお》い空《そら》とか、はるか遠《とお》くのみどりの山《やま》とかです。

3　ミゲル、クルミをニンジンととりかえる

あるとき、ミゲルは山《やま》をひとつこえ、いつもより遠《とお》くまでやってきました。野原《のはら》の近《ちか》くに、ほそい川《かわ》がながれています。川《かわ》のほとりの岩《いわ》の上《うえ》で、ミゲルはおべんとうを食《た》べることにしました。おべんとうというのはもちろん、クルミです。

ところが、ミゲルがリュックからクルミをだし、今《いま》まさに、ガブリンコとかみつこうとしたとき、小川《おがわ》のむこうの草《くさ》むらに、一《いっ》ぴきの茶色《ちゃいろ》いリスがいて、こちらを見《み》ていることに気《き》づいたのです。

ミゲルはクルミをひとつかかえたまま、声《こえ》をかけてみました。

「やあ……。」

すると、

「やあ……。」

とへんじがかえってきました。

そこでミゲルはいったんクルミをリュックにしまい、ながれの中《なか》から顔《かお》をだしている岩《いわ》づたいに、パピョンパピョンとジャンプして、むこう岸《ぎし》にいきました。

ミゲルが草《くさ》をかきわけ、茶色《ちゃいろ》いリスがいるところまでくると、なんと、そのリスの足《あし》もとに、あのオレンジ色《いろ》のダイコン、つまりニンジンがころがっているではありませんか。

どうやら、地面《じめん》からぬいたばかりのようです。あまいかおりがあたりにただよっています。

ミゲルはニンジンを見《み》て、

「きみの足《あし》もとにあるやつだけど……。」

といいましたが、そのとき、同時《どうじ》に、茶色《ちゃいろ》いリスがこういったのです。

「さっき、きみがかかえていたやつだけど……。」

どうやら、ミゲルがニンジンをほしかったように、茶色《ちゃいろ》いリスもクルミを食《た》べてみたかったようでした。

茶色《ちゃいろ》いリスはいいました。

「どうだろうか。これを半分《はんぶん》あげるから、きみがもっている木《き》の実《み》をひとつくれないか。」

「いいとも！」

ミゲルは大《おお》きくうなずいて、クルミひとつとニンジン半分《はんぶん》をこうかんしました。

こうして、ミゲルはクルミさえもっていれば、何《なに》かほかの食《た》べものをもっているリスにあったとき、こうかんして、それを食《た》べることができるようになりました。

それからというもの、ミゲルはあちらこちら、どんどん遠《とお》くまでいき、いろいろな食《た》べものを味《あじ》わうことができるようになったのです。そして、クルミがなくなると、クルミの木《き》へでかけていっては、実《み》をじぶんのあなにはこびこんだのです。

4　ミゲル、夕《ゆう》やけ空《ぞら》に竜《りゅう》を見《み》る

　ある夕《ゆう》ぐれのことです。ミゲルがクルミをあつめていると、あたりがきゅうにくらくなりました。

　いくら夕《ゆう》がたでも、いきなりくらくなるのはへんです。ミゲルは空《そら》を見《み》あげました。すると、とてつもなく大《おお》きいものがゆっくりと、東《ひがし》から西《にし》にむかって、飛《と》んでいくではありませんか。そのとてつもなく大《おお》きいものが地面《じめん》に影《かげ》を作《つく》り、それであたりがくらくなったのです。

　それは、トカゲを何百倍《なんびゃくばい》も大《おお》きくしたようなもので、コウモリのようなつばさがありました。

びっくりしたミゲルがクルミをかかえたまま、地面《じめん》に立《た》って、見《み》あげていると、その大《おお》きな空飛《そらと》ぶものから、何《なに》やら黒《くろ》っぽいものがおちてくるではありませんか。そして、ミゲルから少《すこ》しはなれた草《くさ》むらにドサリとおち、バリンとくだけるような音《おと》をたてました。

ミゲルはクルミをほうりだし、それがおちたあたりにむかって走《はし》りました。おちたとき、何十《なんじゅう》にもくだけたのでしょう。草《くさ》むらのあちこちで、夕《ゆう》やけ色《いろ》のものが光《ひか》っていました。

ミゲルは近《ちか》よって、光《ひか》っているものをひとつ、ひろいあげてみました。まるくて、大《おお》きさはクルミくらいですが、あつみはなく、ひらべったくて、ちょっと重《おも》いものでした。空《そら》にかざしてみると、氷《こおり》のようにすきとおっています。夕《ゆう》やけ色《いろ》に見《み》えたのは、空《そら》の色《いろ》をそのまままうつしていたからです。

空《そら》を見《み》ると、いつのまにか、トカゲにコウモリのつばさをつけたようなものはいなくなっていました。

ミゲルの口《くち》からひとりごとがもれました。

「いったい、今《いま》のはなんだったんだ？　それから、このすきとおったものはなんだろう。ずいぶん、きれいだけれど……。」

そのとき、近《ちか》くの木《き》のえだがガサリとうごきました。

音《おと》のしたほうを見《み》あげると、フクロウが一羽《いちわ》、えだにとまっていました。

フクロウはミゲルに声《こえ》をかけてきました。

「あれは竜《りゅう》じゃ。今夜《こんや》は満月《まんげつ》じゃ。満月《まんげつ》の日《ひ》、月《つき》が東《ひがし》からのぼるまえに、竜《りゅう》が西《にし》に飛《と》んでいく。いいつたえでは、竜《りゅう》が満月《まんげつ》に道《みち》をおしえているということじゃが、それはどうじゃろうか。それはともかく、今《いま》、おまえがもっているのは竜《りゅう》のうろこじゃ。ときどき、竜《りゅう》は飛《と》んでいるときに、古《ふる》くなったうろこをおとすのじゃよ。」

ミゲルは竜《りゅう》なんて見《み》たのははじめてです。だから、竜《りゅう》のうろこだって、はじめて見《み》るものでした。

フクロウのいっていることがどうもよくわからないので、ミゲルが、

「リュウ……？　うろこ……？」

と首《くび》をかしげていると、フクロウは首《くび》をグリグリ左右《さゆう》にうごかしてから、そのうえ、まばたきを三度《さんど》もしてから、いいました。

「うろこっていうのは、ふつうは魚《さかな》にしかないのじゃが、竜《りゅう》はあごの下《した》にうろこがあるんじゃ。大《おお》きさは、ほれ……。」

そこまでいうと、フクロウはいきなりつばさをひろげました。そして、こういったのです。

「こーれくらいじゃ！」

ミゲルはフクロウが飛《と》びかかってくるんじゃないかと、びっくりしてあとず

さりをしましたが、フクロウはそんなことはせず、つばさをとじると、話《はな》しつづけました。

「竜《りゅう》のうろこは、わしがつばさを……、といっても、鳥《とり》のワシじゃなく、このフクロウのわしがつばさをいっぱいに、ひろげたくらいの大《おお》きさなんじゃが、おちてくるあいだに小《ちい》さくなっていき、地面《じめん》におちると、くだけてしまう。じゃが、ふしぎなことに、くだけたひとつひとつはぜんぶおなじ大《おお》きさで、形《かたち》もおなじなんじゃ。ひらべったくてまるいものを円《えん》というが、つまり、円《えん》形《けい》になるのじゃよ。」

「そうですか。だけど、おちてくるときは黒《くろ》っぽかったのに、今見《いまみ》ると、すきとおっているんですね。」

ミゲルがそういうと、フクロウはうなずきました。

「そうなんじゃ。竜《りゅう》のうろこは、竜《りゅう》の体《からだ》についているときは黒《くろ》いのじゃが、地《じ》面《めん》におちると、氷《こおり》のように、すきとおるのじゃよ。だから、夕《ゆう》やけの光《ひかり》をあてればオレンジ色《いろ》になるし、青空《あおぞら》の下《した》では、青《あお》くかがやくのじゃ。」

「そうですか……。」

といってから、ミゲルはフクロウにたずねました。

「ちらばっているうろこですけど、もらっちゃっていいでしょうか。竜《りゅう》がとりもどしにくるかなあ。」

フクロウはこたえました。

「べつにとりもどしにはこんよ。とりもどしにくるくらいなら、おとしていったりはせん。ほしけりゃあ、ひろいあつめて、もっていけばいい。そんなもの、わしはいらんし……。」

そういうわけで、くだけてまるくなった竜《りゅう》のうろこをあつめ、ぜんぶ、じぶんのあなにもちかえりました。そうはいっても、なにしろ、何十《なんじゅう》まいもあっ

たので、満月《まんげつ》の下《した》で、ぜんぶはこびおわったときは、夜中《よなか》になっていました。

「ホウ、ホウ、ホウ……。」

遠《とお》くで、フクロウのなく声《こえ》がしています。

ミゲルは声《こえ》のするほうに、ちらりと目《め》をやったあと、竜《りゅう》のうろこをじっと見《み》つめました。

満月《まんげつ》の光《ひかり》をあび、まるい竜《りゅう》のうろこは金色《きんいろ》にかがやいていました。

5　ミゲル、旅《たび》にでる

それから何日《なんにち》もたちました。

竜《りゅう》を見《み》た日《ひ》、竜《りゅう》のうろこをぜんぶあなにはこんでから、ミゲルはきゅうに気《き》になってきました。

それは、竜《りゅう》は満月《まんげつ》の夕《ゆう》がた、東《ひがし》から西《にし》に飛《と》んでいくというけれど、いったいふだん、竜《りゅう》はどこにすんでいるのだろうか……ということです。

それで、ミゲルはフクロウにそれをたずねにいったのです。すると、フクロウはおしえてくれました。

「南《みなみ》の山《やま》のむこうの、もっと南《みなみ》の山《やま》のむこうの、ずっとずっとむこうの山《やま》の、それから何度《なんど》も山《やま》をこえて、そのまたむこうの山《やま》の、そのまたむこうに、とがった山《やま》とまるい山《やま》がふたつならんでいて、そのあいだの谷《たに》に、竜《りゅう》はふだんすんでいる……らしい。」

フクロウのことばの最後《さいご》に、〈らしい〉がついたことは気《き》になりましたが、ほかに竜《りゅう》のことを知《し》っているものはいそうもないので、ミゲルは南《みなみ》のほうに旅《たび》をすることにきめました。

ミゲルのリュックには、ふたつしかクルミがはいりません。そこで、ミゲルはいくつものクルミをくだいて、食《た》べられるところだけ、リュックにつめこんでいくことにしました。

ミゲルは、どうしても食《た》べものが見《み》つからなかったときだけ、クルミを食《た》べることにして、あとは、そのとき見《み》つけたものを食《た》べていくことにしました。

それからミゲルはまるい竜《りゅう》のうろこを三《さん》まいもっていくことにしました。それは、クルミもぜんぶなくなり、食《た》べものも見《み》つからなかったときのためです。ミゲルが竜《りゅう》のうろこをきれいだと思《おも》ったのとおなじように感《かん》じるものがいるかもしれません。そういうものなら、竜《りゅう》のうろこを食《た》べものととりかえてくれるかもしれないと考《かんが》えたからです。

そういうわけで、ミゲルは竜《りゅう》のうろことクルミをつめこんだリュックをせおって、南《みなみ》にむかって、旅《たび》だちました。

木《き》から木《き》にとびうつったり、地面《じめん》をあるいたり、岩《いわ》づたいにピョンピョンはねて、川《かわ》をわたったりしながら、何日《なんにち》も何日《なんにち》も、ミゲルは旅《たび》をしました。

とちゅう、ミゲルはいろいろなところで、いろいろな食《た》べものを見《み》つけて、食《た》べました。おいしいものもあれば、まずいものもありました。なかには、食《た》べてすぐに、おなかをこわしてしまったものもあります。

もっていったクルミは最初《さいしょ》の三日《みっか》でなくなってしまいました。あとは、そのときそのときに見《み》つけた食《た》べもののうち、食《た》べきれずに、あまったものをリュックにいれていきました。

けれども、いつでもリュックに何《なに》かがはいっていたというわけではありません。あるとき、とっくにリュックはからになってしまい、まえの日《ひ》の夕《ゆう》がたからずっと何《なに》も食《た》べておらず、もう一歩《いっぽ》もあるけない……というふうになったことがありました。

それは、あと少《すこ》しで日《ひ》がくれるというころでした。つかれきったミゲルは大《おお》きな岩《いわ》かげにリュックをおろし、ぐったりと体《からだ》をのばして、ねそべって、目《め》をつぶりました。

そのときです。頭《あたま》のそばでゴソリと音《おと》がして、

「おまえ、ここはヤマネコのとおり道《みち》だから、そんなふうにしていたら、ガブリとやられちまうよ。」

という声《こえ》が聞《き》こえました。

ヤマネコがとおるとなると、ぐったりとなんてしていられません。ミゲルは目《め》をあけ、むっくりと体《からだ》をおこしました。

そこにいたのは、一《いっ》ぴきのノネズミでした。

「おしえてくれて、ありがとう。」

ミゲルがお礼《れい》をいうと、ノネズミはミゲルのリュックに目《め》をやって、いいました。

「それ、何《なに》？　何《なに》かはいっているのか？」

そういわれて、ミゲルは思《おも》いました。

ヤマネコのことを知《し》らないで、ねていたら、食《た》べられてしまったかもしれない。おしえてくれたお礼《れい》に、竜《りゅう》のうろこを一《いち》まいあげよう。

ミゲルはリュックの中《なか》から、竜《りゅう》のうろこをだしました。そして、それをノネ

ズミにさしだすと、ノネズミは、

「わっ！」

と声《こえ》をあげ、竜《りゅう》のうろこをひったくるようにして取《と》って、いいました。

「わっ！　なんだこれ？　きれいだなあ！」

「それ、ヤマネコのことをおしえてくれたから、きみにあげるよ。」

ミゲルはそういおうとしたのですが、

「それ、」

といったところで、ノネズミがこういったのです。

「これ、おれのドングリ半分《はんぶん》とこうかんしないか。」

夕《ゆう》がたの空《そら》の色《いろ》をうつして、竜《りゅう》のうろこはオレンジ色《いろ》にかがやいています。

こんなにきれいな竜《りゅう》のうろこ一《いち》まいとドングリ半分《はんぶん》というのは、ちょっとなあ……。

ミゲルはそう思《おも》ったのですが、お礼《れい》に一《いち》まいあげようと思《おも》っていたのですから、ドングリ半分《はんぶん》もらえれば、とくをしたようなものです。

「ヤマネコのことをおしえてもらったし、ドングリ半分《はんぶん》もらえると、ぼくもうれしい。」

ミゲルがそういうと、ノネズミはいいました。

「じゃあ、おれといっしょに、うちに取《と》りにきてくれよ。」

「ぼくは、おなかがへっちゃって、もう一歩《いっぽ》だってあるけない。きみがもってきてくれると、とってもたすかるんだけど。」

「おれがここに？」

「うん。そうしてもらえないか。」

「ドングリ半分《はんぶん》？　おれが？　ううむ……。」

とノネズミはうなりましたが、

「まあ、しょうがない。」

といって、走《はし》っていきました。

しばらくすると、ノネズミは大《おお》きなドングリをひとつ、口《くち》にくわえてもってきました。そして、そのドングリをミゲルのそばにおくと、こういったのです。

「おなかがへっているなら、ひとまず、これを食《た》べて、それからうちにドングリを取《と》りにきてくれないか？」

ミゲルはノネズミが何《なに》をいっているのかわからず、

「え？」

とつぶやきました。

するとノネズミは、

「まさか、おまえ。気《き》がかわったなんて、いうんじゃないだろうな。それとも、おれがうちにあるドングリをかくしてきたとか、そんなふうに、うたがっているんじゃないだろうな。今《いま》、おれがかえってかぞえたら、ドングリは百八十《ひゃくはちじっ》こあった。その半分《はんぶん》は九十《きゅうじゅう》だ。そのうち、ひとつをここにもってきたから、うちにあるドングリのうち、あと八十九《はちじゅうきゅう》こがおまえのものだ。」

どうやら、ドングリ半分《はんぶん》というのは、ノネズミがうちにためこんでいるドングリぜんぶのうちの半分《はんぶん》という意味《いみ》だったようです。

ミゲルは、

「九十《きゅうじっ》こもいらないよ。そんなにもらっても、もっていけないし。」

といって、竜《りゅう》のうろこを一《いち》まい、ノネズミにわたし、ドングリをかかえて、ガブリとかみつきました。

ドングリをひとつ食《た》べてしまうと、ミゲルは元気《げんき》がでてきました。それで、ノネズミのうちまでいって、その夜《よる》は、ノネズミのうち、といっても、大《おお》きな岩《いわ》の下《した》のあなですが、そこにとめてもらい、よく朝《あさ》、リュックにつめこめるだけのドングリをもらって、南《みなみ》にむかって出発《しゅっぱつ》しました。

ミゲルはノネズミに何度《なんど》もお礼《れい》をいいましたが、ノネズミもミゲルに、

「いや、こちらこそ。ドングリ九十《きゅうじゅう》のところを八《やっ》つにしてもらっちゃって、わるいなあ。どうもありがとう。」

といっていいました。

6　ミゲル、サルの王《おう》さまにあう

ミゲルの旅《たび》はつづきました。

山《やま》をいくつもいくつもこえましたが、ふたつならんだとがった山《やま》とまるい山《やま》は見《み》えてきませんでした。

出発《しゅっぱつ》してからもう何日《なんにち》たったのか、ミゲルはわからなくなってしまっていました。

ミゲルは何度《なんど》も、竜《りゅう》がすんでいる谷《たに》にいくのはあきらめて、かえってしまおうかと思《おも》いました。考《かんが》えてみれば、そこにいったからといって、できることは、竜《りゅう》が何《なに》をしているかを見《み》て、もしかしたらそのへんにおちているかもしれない竜《りゅう》のうろこを何《なん》まいか、リュックにいれてくることくらいのものです。それだって、かえりはかえりで、あちこちで手《て》にいれた食《た》べものをリュックにいれなければならないのですから、竜《りゅう》のうろこでリュックをいっぱいにすることはできません。それに、そんなことをしたら、リュックが重《おも》くなり、とてもせおってかえれません。

でも、もうかえろうかなあ……と思《おも》うたびに、ミゲルは考《かんが》えなおしました。

もし、ここであきらめてかえったら、これから一生《いっしょう》、あのとき、あきらめないで、いけばよかったと後悔《こうかい》し、いったい、竜《りゅう》がすんでいる谷《たに》というのはどんなところなんだろうと、ずっと想像《そうぞう》しつづけなければならない！

ミゲルはそう思《おも》ったのです。

旅《たび》をつづけているうちに、ある昼《ひる》さがり、ミゲルはぼうしをかぶったサルにであいました。

それは、木《き》のえだにすわり、ミゲルがやわらかい赤《あか》い実《み》を食《た》べていたときでした。だれかが木《き》にのぼってきたのです。その、だれかというのがぼうしをかぶったサルだったのです。

ぼうしをかぶったサルはえだのつけねにすわると、おこったような声《こえ》でいいました。

「だれだ、おまえは？　ことわりもなく、おれさまのリンゴを食《く》いやがって。このあたりのリンゴはぜんぶ、おれさまのものなんだぞ。」

ミゲルは、赤《あか》い実《み》がリンゴというものだということも知《し》りませんでしたし、どんな実《み》だって、取《と》って、うちにかえったあとならともかく、木《き》になっているうちは、だれのものでもないはずです。

ミゲルはそう思《おも》いましたが、そのとき、あちらこちらのえだがガサリゴソリとうごきました。いつのまにか、木《き》はサルだらけになっていたのです。けれども、ぼうしをかぶっているのは、ミゲルの目《め》のまえにいるサルだけでした。

こんなたくさんのサルにとりかこまれたのでは、とてもにげきれません。ミゲルはぼうしをかぶったサルにいいました。

「このあたりのリンゴがぜんぶ、あなたのものだとは知《し》りませんでした。それでは、こうしましょう。ぼくは、あなたが頭《あたま》にのせているものにつけたら、とってもすてきに見《み》えるものをもっているんです。それをあげますから、かんべんしてもらえませんか。」

「なんだと？　それはどんなものだ。ちょっと見《み》せてみろ。」

ぼうしをかぶったサルがそういったので、ミゲルはリュックの中《なか》から二《に》まい目《め》の竜《りゅう》のうろこをだして、それをサルにわたしました。すると、ぼうしをかぶったサルは、

「お、お、お、お、おーっ！」

とうれしそうな声《こえ》をあげ、すっかりじょうきげんになって、こういったのです。

「よう、兄弟《きょうだい》。こんなすてきなものをもらったんじゃあ、リンゴひとつで、おまえはいつでも、このあたりのリンゴを食《く》っていいことにしてやる。これから、おまえをかえすわけにゃあいかねえ。こうしようじゃねえか。これから、ずっとだ。」

ぼうしをかぶったサルはミゲルにそういってから、あたりを見《み》まわし、ほかのサルたちにむかって、いいはなちました。

「やろうども、いいか。これから、このリスがリンゴを食《く》っているところを見《み》ても、手《て》をだすんじゃねえぞ！」

まわりのサルたちがいっせいに大声《おおごえ》でこたえました。

「へい！　王《おう》さま！」

そんなわけで、ミゲルはリンゴをたらふく食《た》べ、そのうえ、リンゴを半分《はんぶん》、リュックにつめて、ぼうしをかぶったサルにさよならをしたのでした。

7　ミゲル、大《おお》きなカメにあう

それからまた何日《なんにち》も旅《たび》がつづきました。そして、あるとき、小《ちい》さな山《やま》のてっぺんまでのぼったところで、とうとう、はるか南《みなみ》の空《そら》の下《した》、森《もり》のむこうに、とがった山《やま》とまるい山《やま》がならんでいるのが見《み》えたのです！

「やったーっ！」

ミゲルはおもわず、そうさけび、山《やま》をかけくだりました。

ところが、半日《はんにち》ほど森《もり》の中《なか》を走《はし》ったところで、目《め》のまえに大《おお》きな川《かわ》があらわれたのです。

ミゲルはおよげません。小川《おがわ》で、ところどころ岩《いわ》が水《みず》からつきでていれば、ピョンピョンと岩《いわ》づたいにとんで、むこう岸《ぎし》にいけますが、その川《かわ》は小川《おがわ》なんかではなく、ものすごく川《かわ》はばが広《ひろ》いのです。むこう岸《ぎし》がもやにかすんで見《み》えないくらいです。

川《かわ》はまっすぐにながれていて、右《みぎ》を見《み》ても左《ひだり》を見《み》ても、どこかでながれが細《ほそ》くなっているようすはありません。

とほうにくれるとはこのことです。せっかく、とがった山《やま》とまるい山《やま》が見《み》えるところまできて、たどりつけないとは！

ミゲルは川岸《かわぎし》に立《た》って、ためいきをつき、ひとりごとをいいました。

「あーあ。竜《りゅう》のすみかまで、あとちょっとだっていうのになあ！」

するとそのときです。すぐ近《ちか》くの水《みず》がうわっともりあがり、大《おお》きな黒《くろ》いカメが顔《かお》をだしました。見《み》れば、リスなら十《じっ》ぴきはこうらにのれそうです。

なんて運《うん》がいいんだろう！

ミゲルはそう思《おも》い、よろこびいさんで、黒《くろ》いカメに声《こえ》をかけました。

「竜《りゅう》のうろこを一《いち》まい、あなたにあげますから、ぼくをむこう岸《ぎし》にはこんでくれませんか。」

するとカメはゆっくりとまばたきをしてから、こたえました。

「おわかいの。もう少《すこ》し、礼儀《れいぎ》をわきまえたほうがいいのではないか。」

ミゲルが何《なに》か失礼《しつれい》なことをいってしまったのかと思《おも》い、

「えっ?」

とつぶやくと、カメはいいました。

「ここは竜《りゅう》の谷《たに》の近《ちか》くだ。よく竜《りゅう》がうろこをおとしていく。だから、この川《かわ》の底《そこ》には、あちこち竜《りゅう》のうろこがちらばっていて、天気《てんき》のいい日《ひ》など、お日《ひ》さまの光《ひかり》が川底《かわぞこ》にとどいて、竜《りゅう》のうろこがまぶしく光《ひか》り、目《め》をあいていられないことがあるくらいだ。だから、わたしは竜《りゅう》のうろこなんていらない。だが、そのことが問題《もんだい》なのではない。はじめてあったあいてに、竜《りゅう》のうろこを一《いち》まいやるから、むこう岸《ぎし》にはこんでくれと、いきなりいうのは失礼《しつれい》だろう。まず、あいさつをして、それから、『すみませんが、わたしをむこう岸《ぎし》までのせていってくれませんか。』とたのみ、そのあとで、『もし、のせていってくれるなら、竜《りゅう》のうろこを一《いち》まいさしあげます。』というべきだ。ものには順番《じゅんばん》というものがあるのだぞ。」

いわれてみれば、たしかにそのとおりです。ミゲルはいいなおしました。

「ごめんなさい。むこう岸《ぎし》にいきたい気《き》もちがさきだって、失礼《しつれい》なことをいいました。こんにちは、カメさん。ぼくはミゲルという名《な》まえです。じつはぼくは竜《りゅう》のすむ谷《たに》にいきたいのです。そのために、この川《かわ》をわたりたいのです。そこで、おねがいがあります。ぼくをあなたのこうらにのせて、むこう岸《ぎし》までつれていってくれませんか。そうしてもらえたら、ぼくのもっている竜《りゅう》のうろこ

を一《いち》まい、あなたにさしあげましょう。」

「よろしい。おまえをむこうまではこんでやる。だが、竜《りゅう》のうろこはいらない。

わたしの名《な》はゲンブリュッケだ。」

カメはそういって、水《みず》からあがってきました。そして、ミゲルがこうらにのると、ジャブジャブと水《みず》にはいり、そのままミゲルをむこう岸《ぎし》まではこんでくれました。

むこう岸《ぎし》につき、カメのこうらからおりると、ミゲルは、

「どうもありがとうございました。」

とお礼《れい》をいってから、リュックの中《なか》から最後《さいご》の竜《りゅう》のうろこをだして、そこにあった石《いし》の上《うえ》におきました。そして、いいました。

「ぼくは竜《りゅう》の谷《たに》を見《み》るために、北《きた》から旅《たび》をしてきました。旅《たび》にでるとき、ぼくは三《さん》まい、竜《りゅう》のうろこをもってきて、これが最後《さいご》の一《いち》まいです。川《かわ》の底《そこ》には、

竜《りゅう》のうろこはいっぱいあるそうですから、こんなものをもらっても、めいわくかもしれませんが、ぼくがここにきた記念《きねん》に、あなたにさしあげたいと思《おも》うのですが。」

「そういうことなら、もらっておこう。かえりもおまえをのせてやるから、ここにもどってきたら、大声《おおごえ》でわたしをよびなさい。」

カメはそういうと、竜《りゅう》のうろこを口《くち》にいれ、川《かわ》の中《なか》にきえていきました。

8　ミゲル、竜《りゅう》の谷《たに》にたどりつく

川《かわ》をわたって、三日目《みっかめ》の夕《ゆう》がた、とうとうミゲルはとがった山《やま》とまるい山《やま》のあいだの谷《たに》にたどりつきました。とちゅう、木《き》はあっても、実《み》はなっておらず、食《た》べものといえば、草《くさ》の根《ね》っこくらいでした。

大《おお》きな岩《いわ》と岩《いわ》にはさまれた道《みち》をぐねぐねと何度《なんど》もまがって、すすんでいくと、きゅうに道《みち》がおわりました。そして、そここそが、竜《りゅう》のすむ谷《たに》だったのです。

なぜ、そこが竜《りゅう》のすむ谷《たに》だとわかったのかって？

岩《いわ》と岩《いわ》のあいだの道《みち》を最後《さいご》にまがったとき、そこに、とてつもなく大《おお》きな青《あお》い竜《りゅう》の顔《かお》があったからです。

どうして、それが竜《りゅう》の顔《かお》だとわかったのかって？

だって、ミゲルのせたけの十倍《じゅうばい》もありそうな目玉《めだま》がふたつ、そこにならんでいたからです。目《め》の下《した》には、これまたとてつもなく大《おお》きな口《くち》があり、そこから は上下左右《じょうげさゆう》、ぜんぶで四本《よんほん》、白《しろ》いきばがでていました。そういう顔《かお》といえば、竜《りゅう》の顔《かお》のほかにはありません。

じつをいうと、ミゲルは竜《りゅう》の谷《たに》は、あちこちに竜《りゅう》のうろこがおちていて、地面《じめん》がきらきら光《ひか》っているものと思《おも》っていました。花《はな》のかわりに、きらきら光《ひか》るうろこがしきつめられている谷《たに》を想像《そうぞう》していたのです。ところが、道《みち》をまがったとたんに、いきなり竜《りゅう》の顔《かお》ですから、ミゲルもおどろきました。それで、

「わっ！」

と声《こえ》をあげてしまいました。

すると、竜《りゅう》は口《くち》を大《おお》きくあけ、ガブリとミゲルにかみついてきたかというと、

そんなことはなく、地面《じめん》にのせていた顔《かお》を少《すこ》しあげただけでした。

「こんにちは、竜《りゅう》さん。ぼくはずっと北《きた》のほうにすんでいるミゲルというものです。」

ミゲルはまず、あいさつをしました。けれども、竜《りゅう》はゆっくりと一度《いちど》、まばたきをしただけでした。

それが竜《りゅう》のあいさつなのだ、ということにして、ミゲルはことばをつづけました。

「じつをいうと、ぼくはうちのそばで、あなたが空《そら》を飛《と》んでいくのを見《み》たことがあるのです。それで、あなたがおとしていったうろこをひろい、それがうちにあります。でも、そのうちの三《さん》まいは、ここにくるあいだに、使《つか》ってしまいました。それで、なぜ、ぼくがここにきたかというと、竜《りゅう》さんがすんでいるところを見《み》てみたかったからです。」

ミゲルはなるべくあかるくそういいましたが、ほんとうは、とてもこわかったのです。それはそうでしょう。目《め》だけでも、自分《じぶん》のせたけの何倍《なんばい》もあるあいてと話《はな》すのですから。

それはともかく、竜《りゅう》がまたまばたきをしたので、ミゲルはいいました。

「それでですね。もうちょっと顔《かお》をあげて、ぼくをとおしてほしいのです。このむこうが、あなたの谷《たに》なのでしょう。ぼくはあなたの谷《たに》をどうしても見《み》たいのです。」

すると、竜《りゅう》はぐっとあごをあげ、体《からだ》をおこしました。

ミゲルが竜《りゅう》のあごの下《した》から、むこうを見《み》ると……。

そこには、ミゲルが思《おも》っていたとおりの谷《たに》がひろがっていたのです！

そこは竜《りゅう》が十頭《じっとう》、ねっころがってもまだすきまができるほど広《ひろ》くて、太陽《たいよう》の光《ひかり》をうけて、きらきらかがやいていました。竜《りゅう》のうろこがしきつめられてい

るのです。

竜《りゅう》の谷《たに》には、入《い》り口《ぐち》にいた竜一頭《りゅういっとう》しかいませんでした。ミゲルは谷《たに》のいちばんおく、そこからさきはまた山《やま》、というところまでいって、そこで一《いち》まい、まるい竜《りゅう》のうろこをひろいました。そして、ひとまずそれをリュックにいれて、竜《りゅう》がいるところにもどってきました。

ミゲルはひろった竜《りゅう》のうろこをリュックからだして、竜《りゅう》にたずねました。

「これ、おくのほうでひろったのですが、もらってもいいですか？」

竜《りゅう》はミゲルを見《み》おろして、まばたきをしました。

それで、ミゲルは竜《りゅう》が、

「いいよ。」

といったことにし、うろこをリュックにいれました。

そのとき、ミゲルはリュックの中《なか》に、草《くさ》の根《ね》っこがひとつのこっているのを見《み》つけ、それを竜《りゅう》にさしだして、きいてみました。

「ぼくは今《いま》、これしかもっていないのですが、うろこをもらったかわりに、これをさしあげましょうか。いえ、けっしてあなたをばかにしているのではありません。食《た》べものはこれしかないし、リュックはどうしても必要《ひつよう》なので、あなたにあげてしまうわけにはいかないのです。」

すると、竜《りゅう》はまたまばたきしたかとおもうと、いきなり顔《かお》をミゲルに近《ちか》づけ、口《くち》から赤《あか》くて長《なが》い舌《した》をにょろりんとだし、草《くさ》の根《ね》っこを食《た》べてしまいました。食《た》べたというより、舌《した》でなめとったという感《かん》じです。

それから、竜《りゅう》はもう一回《いっかい》まばたきをしました。

「さようなら、竜《りゅう》さん。」

ミゲルはそういうと、竜《りゅう》の谷《たに》からでていきました。

それから、ミゲルは黒《くろ》くて大《おお》きなカメのゲンブリュッケにのって川《かわ》をわたり、サルの王《おう》さまのリンゴを食《た》べ、ノネズミのうちによって、ひとばんとめてもらい、竜《りゅう》の谷《たに》のことを話《はな》しました。そのほかにも、ミゲルはいろいろなものを見《み》て、うちにかえってきました。そして、フクロウに旅《たび》の話《はなし》をしました。

その後《ご》、ミゲルはどうしても食《た》べものが手《て》にはいらないときに、竜《りゅう》のうろこをだれかの食《た》べものとこうかんしたり、だれかに何《なに》かをしてもらったとき、お礼《れい》としてあげたりしましたが、竜《りゅう》のうろこがなくなることはありませんでした。

それは、竜《りゅう》のうろこがたくさんあったからだけではありません。たとえば、ミゲルがあまったクルミをだれかに分《わ》けてあげたときなどに、お礼《れい》として、そのだれかから、竜《りゅう》のうろこをもらったりしたからです。竜《りゅう》のうろこがめぐりめぐって、ミゲルのところにもどってきたというわけです。

お話《はなし》のあとで

ミゲルのぼうけんのお話《はなし》は寓話《ぐうわ》です。寓話《ぐうわ》には、お話《はなし》のうしろに、何《なに》かとくべつな意味《いみ》がかくれています。

じつをいうと、ミゲルのお話《はなし》はお金《かね》についての物語《ものがたり》だったのです。

えっ、どこが？

どこがかなあ……。それについては、じぶんで考《かんが》えてみてください。

ミゲルとぼうけんしよう　お金《かね》のせかい

ミゲルは、ぶじに竜《りゅう》のすむ谷《たに》をじぶんの目《め》で見《み》ることができ、おまけにたくさんの友《とも》だちもできました。リュックをせおっていたおかげですね。

さて、ここからは、みなさんのぼうけんです。

ミゲルといっしょに、お金《かね》のせかいを見《み》ていきましょう。

お金《かね》について、あれこれ考《かんが》えるうちに、ミゲルの寓話《ぐうわ》が、どうしてお金《かね》についての物語《ものがたり》だったのかというなぞも、とけるかもしれませんよ。

「こんどは、ぼくといっしょに、
お金《かね》のせかいをぼうけんしよう。」

お金《かね》はどうしてできたの？

1 物々《ぶつぶつ》こうかんの始《はじ》まり

遠《とお》い昔《むかし》、人間《にんげん》は、草《くさ》や木《き》の実《み》をとったり、かりをしたりと、いつも食《た》べものをさがしまわるくらしをしていました。

やがて、作物《さくもつ》をそだてることをおぼえると、畑《はたけ》のそばに家《いえ》をたてすみはじめます。そして、食《た》べものや、くらしに使《つか》うものを、倉庫《そうこ》にたくわえるようになりました。

だんだんたくわえがふえ、ゆたかになると、あまったものを人《ひと》にあげ、かわりにほしいものをもらうようになりました。

物々《ぶつぶつ》こうかんの始《はじ》まりです。

物々《ぶつぶつ》こうかんのおかげで、人《ひと》びとは、じぶんが作《つく》ったり、とってきたりするもののほかにも、食《た》べものや、くらしに使《つか》ういろいろなものを手《て》にいれることができるようになりました。

かりがとくいな人《ひと》は、ふくを作《つく》るのがとくいな人《ひと》との物々《ぶつぶつ》こうかんで、肉《にく》をふくにかえることができます。山《やま》にくらす人《ひと》は、海《うみ》にくらす人《ひと》との物々《ぶつぶつ》こうかんで、魚《さかな》などの海《うみ》の幸《さち》を食《た》べることができます。

あれ？　これって、どこかできいたことがあるような気《き》がします。ニンジンとクルミを……。

② あいてが見《み》つからない

さて、物々《ぶつぶつ》こうかんによって、人《ひと》びとのくら

「ぼくが、ニンジンとクルミをこうかんしたのも、物々《ぶつぶつ》こうかんだったんだ。」

しは、ますますゆたかになりました。

ところが、こうかんするあいては、いつでも見《み》つかるわけではありません。

「もっている肉《にく》を、魚《さかな》とこうかんしたいな。」というときに、せっかく魚《さかな》をもった人《ひと》を見《み》つけても、肉《にく》はいらないといわれたら、どうしましょう?

魚《さかな》をもっていて、肉《にく》がほしいという人《ひと》を、さがさなくてはいけませんね。あるいて遠《とお》くまでいくことになるかもしれないし、時間《じかん》がかかれば、肉《にく》はくさってしまうでしょう。

物々《ぶつぶつ》こうかんで、ほしいものをもつ人《ひと》どうしがであえないのは、とてもこまったことでした。

③ お金《かね》ににたもの

こんなときに、ミゲルがリュックにいれていた、クルミがあったら、どうでしょう？

ミゲルは、あちらこちらのリスから、クルミとこうかんに、いろいろな食《た》べものをもらって、味《あじ》わうことができました。なにしろ、どんなリスだって、クルミはだいすきですからね。

おなじように、昔《むかし》の人《ひと》びとは、だれもがほしがって、しかもくさらないものを、たくわえておくようになりました。たとえば、米《こめ》、しお、ぬの、動物《どうぶつ》の皮《かわ》などです。

人気《にんき》のあるものをもっていれば、いつでもほしいものと、こうかんができたからです。

もっていれば、ほしいものが手《て》にはいる……。

「クルミはリスに大人気《だいにんき》！」

なんだか、お金《かね》とにていませんか？

ところで、ミゲルがこうかんに使《つか》ったものが、もうひとつありました。そう、竜《りゅう》のうろこです。

「きれいな竜《りゅう》のうろこには、ドングリ90こ分《ぶん》のねうちがある。」

ノネズミはそう思《おも》って、ミゲルにドングリをくれました。

竜《りゅう》のうろこは、食《た》べたり、くらしに役立《やくだ》てたりすることはできません。でも、きれいでめずらしい竜《りゅう》のうろこを、ノネズミもサルの王《おう》さまも、うれしそうにもらっていました。

これとおなじように、昔《むかし》の人《ひと》は、めずらしい貝《かい》がらとこうかんに、ものを手《て》にいれることもありました。これも、お金《かね》とにていますね。

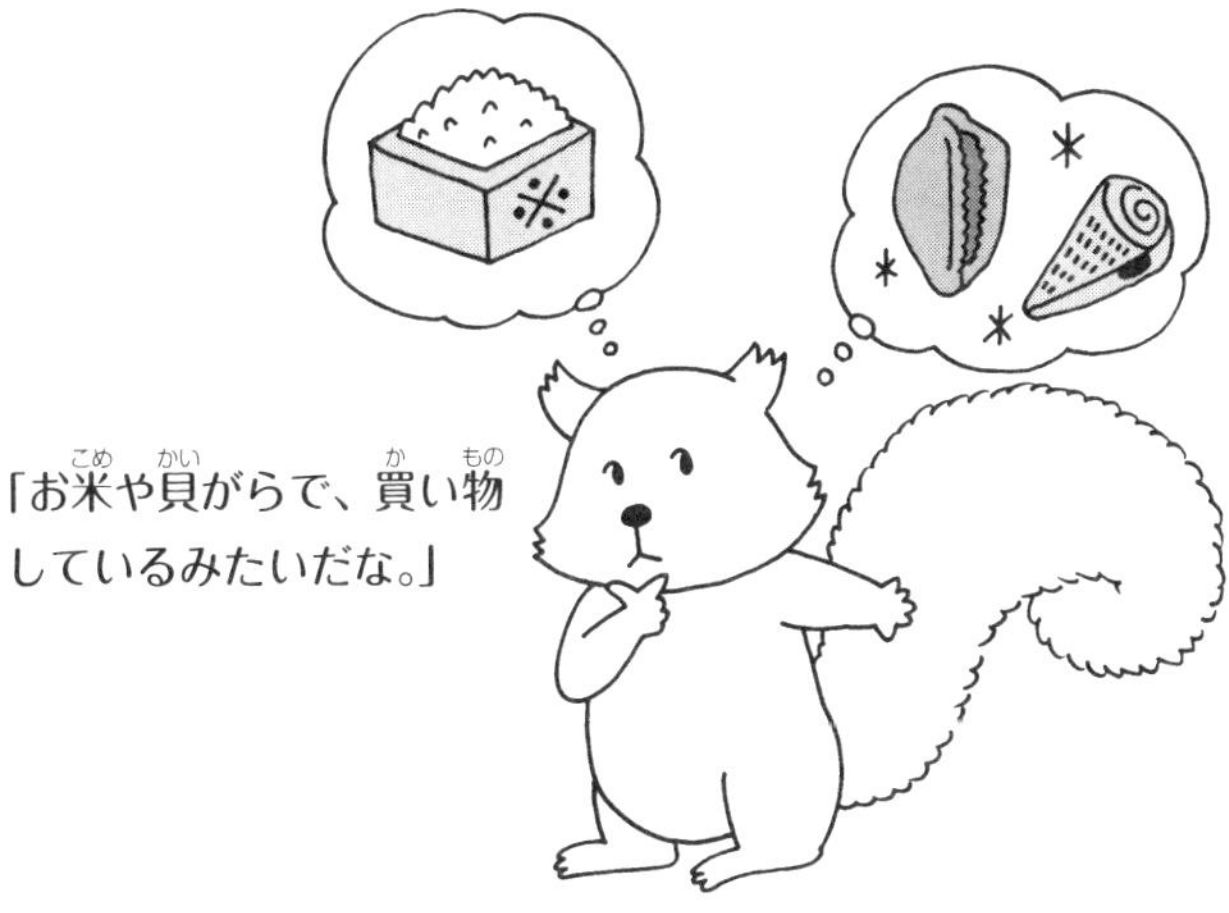

4 お金《かね》のれきし

ここまでの話《はなし》をふりかえってみましょう。

物々《ぶつぶつ》こうかんでは、あいてを見《み》つけるのが、ひと苦労《くろう》でした。でも、人気《にんき》があってくさらない米《こめ》や貝《かい》がらなどをもっていれば、いつでもほしいものを手《て》にいれることができました。

もう、わかりましたよね。はじめは米《こめ》や貝《かい》がらが、お金《かね》のやくわりをしていたのです。

やがて、お金《かね》は、金《きん》や銀《ぎん》などの、きんぞくで作《つく》られるようになりました。じょうぶで、ねうちが高《たか》く、もちはこびにべんりだからです。

きんぞくは、どんな形《かたち》にもすることができます。昔《むかし》の日本《にほん》には、まんなかに四角《しかく》いあながあいたお金《かね》がありました。また、昔話《むかしばなし》でおなじみ

の小《こ》ばんは、米《こめ》だわらのような形《かたち》をしています。

ところで、お金《かね》でものが買《か》えるのは、「お金《かね》にねうちをもたせよう」というやくそくがあるからです。みんながやくそくをまもらないと、お金《かね》は役《やく》にたたなくなります。そのため、あたりまえに使《つか》えるようになるまでには、長《なが》い年月《ねんげつ》がかかりました。

今《いま》では国《くに》が仕組《しく》みをととのえ、人《ひと》びとはきちんとやくそくをまもります。だから、紙《かみ》でできたお金《かね》でも、安心《あんしん》して買《か》い物《もの》ができるのです。

また、お金《かね》は、おいわいの気《き》もちをあらわしたり、神《かみ》さまにねがいごとをしたりするときにも使《つか》われます。ものだけでなく、人《ひと》の心《こころ》とも、ふかくむすびついているのですね。

「みんながやくそくをまもらないと、
お金《かね》は役《やく》にたたないんだね。」

おさいふにズラリ――カードのひみつ

たいていのおとなは、おさいふに、カードを何《なん》まいかいれています。どれもおなじに見《み》えますが、じつはカードにもしゅるいがあります。たとえば、よく耳《みみ》にするカードには、クレジットカード、プリペイドカード、キャッシュカードなどがあります。

クレジットカードは、お金《かね》を使《つか》わずに、買《か》い物《もの》ができるカードです。でも、ただになるわけではありません。お店《みせ》でしはらうときのお金《かね》を、カード会社《がいしゃ》からかりる仕組《しく》みになっています。だから、むやみに使《つか》えば、かりたお金《かね》をかえせずに、たいへんなことになってしまいます。

クレジットカードの仕組《しく》み

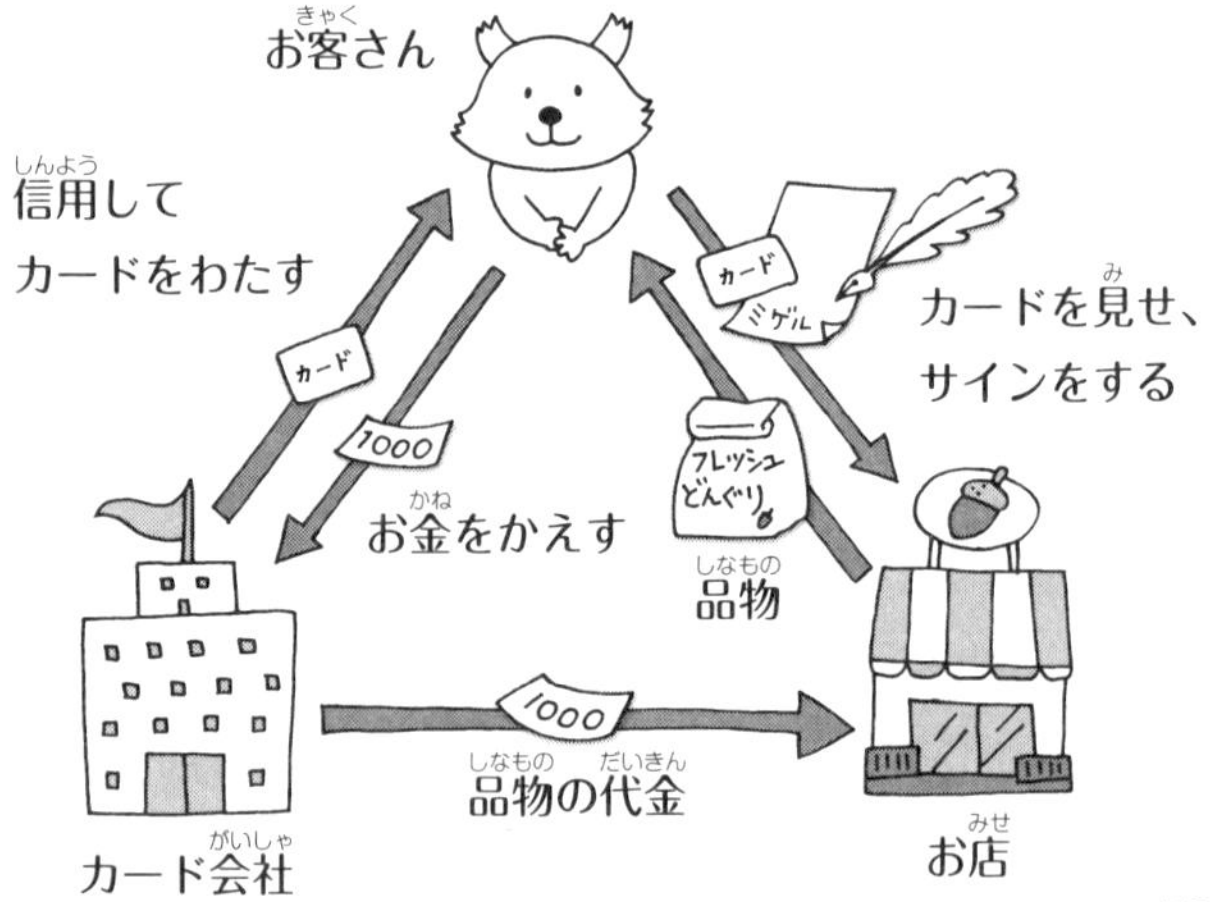

プリペイドカードを使《つか》えば、さきにはらった金《きん》がくの分《ぶん》だけ、きまったものが買《か》えます。使《つか》いきったら〈チャージ〉できるカードもあります。チャージとは、いれものに何《なに》かをいれるという意味《いみ》。おさいふにお金《かね》をいれるように、カードにお金《かね》をいれることができるのです。

キャッシュカードは、銀行《ぎんこう》などにあずけたお金《かね》を、引《ひ》きだすためのカードです。機械《きかい》にカードをいれて、暗証番号《あんしょうばんごう》と金《きん》がくをおすと、お金《かね》がでてきます。キャッシュカードと暗証番《あんしょうばん》号《ごう》を使《つか》って、買《か》い物《もの》ができるお店《みせ》もあります。

また、買《か》い物《もの》でポイントがたまる、ポイントカードもおなじみです。たまったぶんだけ賞品《しょうひん》がもらえたり、その店《みせ》でものが買《か》えたりします。

「リュックとカードがそろったら、ますます安心《あんしん》して旅《たび》ができるぞ。」

1まいのおさつにはいっているのは……？

さて、みなさんが使《つか》っているお金《かね》には、おさつとコインがありますね。いちばん小《ちい》さいお金《かね》は、1円《えん》です。1円玉《えんだま》1まいの重《おも》さは、1グラムあります。もし、1000円《えん》を1円玉《えんだま》であつめたとしたら、1000まいだから1000グラム、つまり1キログラムの重《おも》さになります。おさいふにいれて、買《か》い物《もの》にもっていくにしても、重《おも》くてたいへんです。

おさつはうすくて軽《かる》いのに、たくさんのお金《かね》の価値《かち》がはいっている、とてもべんりなものなのですね。

1000円《えん》クイズ！

1000円《えん》には、どのコインが何《なん》まい分《ぶん》はいっているか、わかるかな？……答《こた》えは、これ⬇！　10円玉《えんだま》なら100まいだね。

500円玉《えんだま》なら2まい

100円玉《えんだま》なら10まい

50円玉《えんだま》なら20まい

りょうがえゲーム

10円玉《えんだま》がたくさんあるから、100円玉《えんだま》ととりかえたい。または、100円玉《えんだま》を10円玉《えんだま》ととりかえたい。そんなときには、「りょうがえ」をします。「りょうがえ」とは、お金《かね》どうしのこうかんで、たとえば、10円玉《えんだま》10まいを100円玉《えんだま》1まいとこうかんすることです。では、どんなふうにりょうがえができるか、考えてみましょう。

何《なん》まいのコインと、こうかんできますか？

1 10円《えん》は　1円玉《えんだま》なら□まい、5円玉《えんだま》なら□まい。1円玉《えんだま》と5円玉《えんだま》なら、1円玉《えんだま》□まいと5円玉《えんだま》□まい

2 50円《えん》は　10円玉《えんだま》なら□まい、5円玉《えんだま》なら□まい

3 100円《えん》は　10円玉《えんだま》なら□まい、50円玉《えんだま》なら□まい。10円玉《えんだま》と50円玉《えんだま》なら、10円玉《えんだま》□まいと50円玉《えんだま》□まい

答《こた》えは、このページの下《した》にあります。

「この10円玉《えんだま》10まいを、100円玉《えんだま》にりょうがえしてください。」

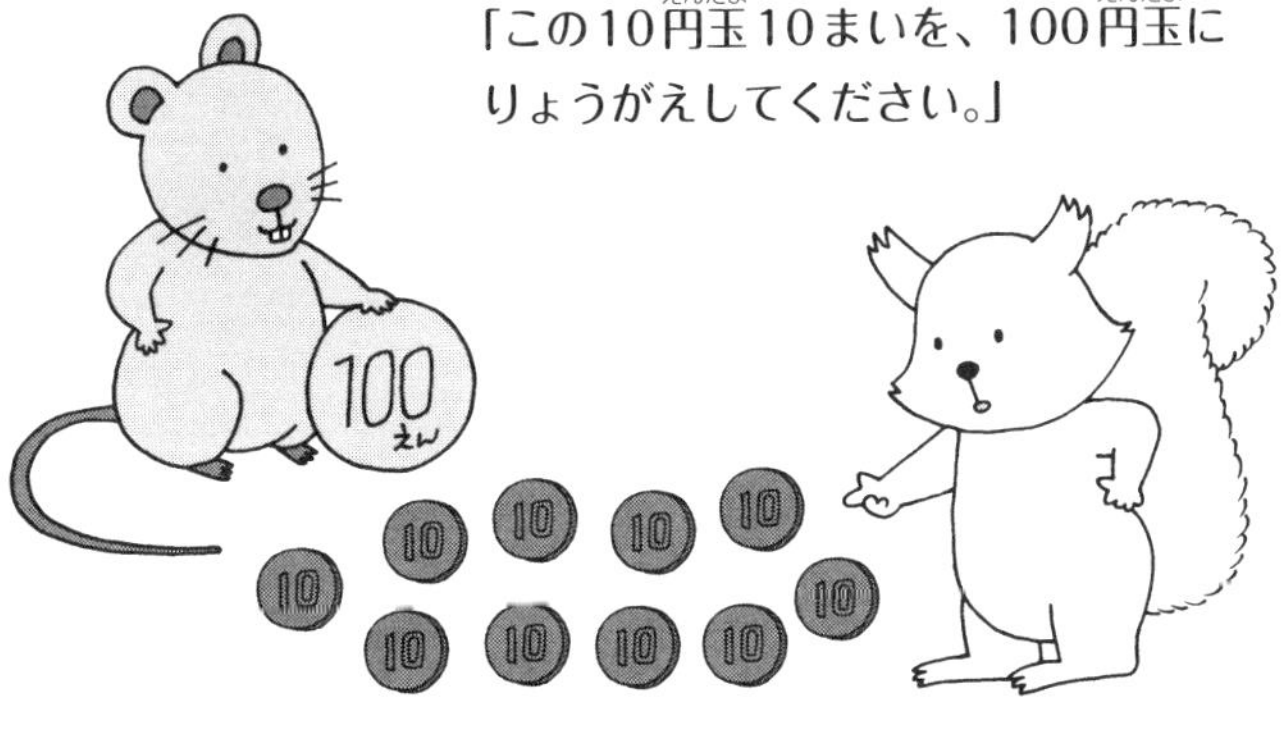

答《こた》え　1 10、2、5、1　2 5、10　3 10、2、5、1

おこづかい、どうやってもらう？

さあ、こんどは、みなさんが使《つか》う、おこづかいについて考《かんが》えてみましょう。

みなさんは、もうおこづかいをもらっていますか？　ひょっとしたら、おうちの人《ひと》に、まだ早《はや》いといわれているかもしれませんね。そんな人《ひと》は、これからのことをたのしみにしながら、いっしょに考《かんが》えてみてください。

何年生《なんねんせい》からもらえるかが、おうちによってちがうように、おこづかいのもらい方《かた》にも、いろんなルールがあるようです。

あなたは、だれといっしょかな？

「竜《りゅう》のうろこがなくなったら、竜《りゅう》の谷《たに》でひろってこなくちゃ。」

きまったおこづかいは、ないの。ほしいものができたら、「おこづかいちょうだい」って、たのむんだ。友《とも》だちも、みんな、そんなかんじだよ。

もえ

学年《がくねん》×100円《えん》のけいさんだよ。いまは3年生《ねんせい》だから、毎月《まいつき》、300円《えん》ずつもらってる。6年生《ねんせい》になったら、お金《かね》もちになるぞ。イヒヒ、たのしみだな。

けんた

毎日《まいにち》、おふろをあらうと、
10円《えん》もらえるよ。
お父《とう》さんに、
「おふろ気《き》もちよかったぞ」
っていわれるのも
うれしいの。
あとね、ほしいものが
あるときは、ほかの
おてつだいもして、
がんばっちゃう。

はるか

うちは、スタンプせい。
おてつだい1回《かい》で、スタンプ1こ
もらえるんだ。50こたまると、
100円《えん》になるよ。
スタンプ帳《ちょう》を作《つく》っていると、
「よし、やるぞ！」
って気《き》もちになってくるんだ。

りく

お正月《しょうがつ》のお年玉《としだま》や、おじいちゃん、
おばあちゃんが、ときどきくれる
おこづかいを、少《すこ》しずつ使《つか》ってるわ。
おやつは、うちで作《つく》ってもらえるから、
おかしはほとんど買《か》わないの。

なな

「いろいろあって、たのしいね。
きみのうちはどんなかかな？」

おこづかい、どこにしまう？

小学生《しょうがくせい》は、おこづかいをどんなところに、しまっているのでしょう？
キッズ生活探検団《せいかつたんけんだん》が、調査《ちょうさ》してみました。

だいじなおこづかいは、ここにしまう！

1位《い》　おさいふ

どうどうの1位《い》は、おさいふです。首《くび》からさげられる、ひもつきが人気《にんき》。そのまま買《か》い物《もの》にもっていけるのがべんりです。ちょ金用《きんよう》と、買《か》い物用《ものよう》のおさいふがあって、でかけるときには、使《つか》う分《ぶん》だけをもっていく、という人《ひと》もいました。ぜんぶもっていくと、使《つか》いすぎてしまうし、おとしたらたいへんですからね。

2位《い》　ちょ金《きん》ばこ

お気《き》にいりのちょ金《きん》ばこにいれれば、たのしくためられますね。なかには、おかしがはいっていたかんや、きれいなはこを使《つか》ったり、じぶんで作《つく》ったちょ金《きん》ばこを使《つか》っている人《ひと》も。

ときどき、なかみをだして、いくらあるのか、かぞえるのがたのしみ、

という人《ひと》も

いました。

3位《い》　つくえの引《ひ》き出《だ》し

ふうとうにいれる人《ひと》、ペントレイを使《つか》ったり、しきりを作《つく》ったりして、

100円玉《えんだま》や50円玉《えんだま》の

しゅるいごとに分《わ》けて

いる人《ひと》など、それぞれ

工夫《くふう》しているようです。

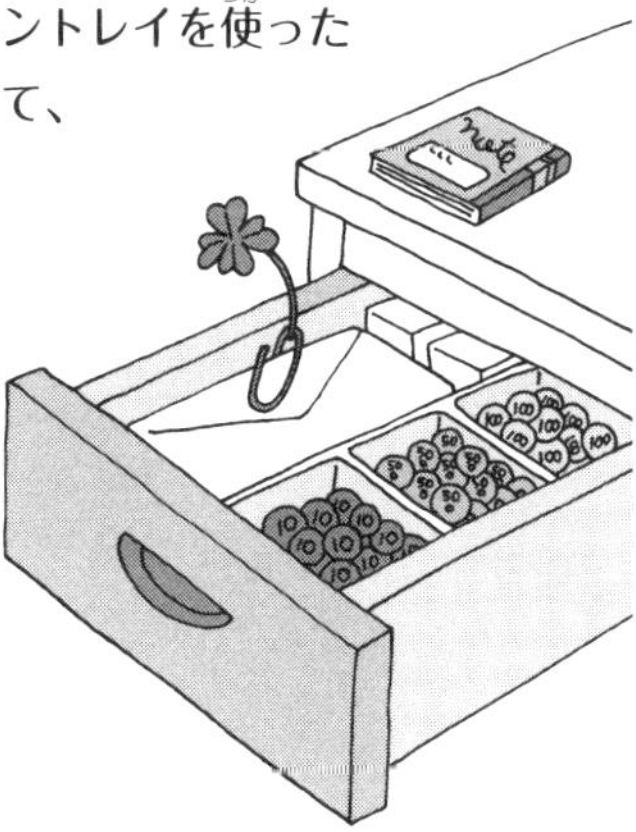

お年玉《としだま》などの大《おお》きなお金《かね》は、ここにしまう！

ほとんどの人《ひと》が、お年玉《としだま》などの大《おお》きなお金《かね》は、銀行《ぎんこう》などにあずけています。みんな、じぶんの通帳《つうちょう》をもっていて、ふだんは、おうちの人《ひと》にあずかってもらっているようです。

ためたお金《かね》はどうするのでしょう？　大《おお》きくなるまでとっておく、大学《だいがく》のために使《つか》うという、あとで使《つか》う派《は》はがっちりタイプです。ときどきおろして使《つか》う派《は》は、プレゼントやおみやげ、ゲームソフト、ぼ金《きん》、時計《とけい》などに使《つか》っているようです。こちらは、使《つか》い道《みち》についてよく考《かんが》えることのできる、しっかりタイプ。おとなといっしょに銀行《ぎんこう》にいって、じぶんでおろすという、さらにしっかりさんもいました。

じぶんの通帳《つうちょう》を作《つく》ろう

大《おお》きなお金《かね》をそばにおいておくと、ついつい使《つか》ってしまうかもしれません。ものをよくなくす人《ひと》は、なくしてしまうしんぱいもありますね。そんなときに、たよりになるのが、銀行《ぎんこう》などの金融機関《きんゆうきかん》。おとなにたのめば、金融機関《きんゆうきかん》にお金《かね》をあずけることができます。あずけると、じぶんの名《な》まえが書《か》かれた通帳《つうちょう》がもらえます。

通帳《つうちょう》には、お金《かね》をあずけたり、おろしたりするたびに、その金《きん》がくがいんさつされます。そのため、お金《かね》のうごきが、ひと目《め》でわかるのです。

ゲームソフトを買《か》うなど、もくひょうをきめると、通帳《つうちょう》を見《み》るのがたのしみになりますね。

「ぼくの通帳《つうちょう》だよ。かっこいいでしょ。」

買《か》い物名人《ものめいじん》になろう！

おこづかいで買《か》い物《もの》をしたあとで、買《か》わなければよかった、なんて、思《おも》ってしまったことがあるかもしれませんね。

いつでも、買《か》ってよかった、と満足《まんぞく》できればいいのですが、ときには、しっぱいすることもあります。では、しっぱいを少《すく》なくするためには、どうすればいいのでしょうか？

それには、よく考《かんが》えて買《か》い物《もの》をすることです。たとえば、いつも買《か》い物《もの》をするときに、こんな3つのしつもんを、じぶんにしてみたらどうでしょうか？

「よし、いっしょに買《か》い物名人《ものめいじん》をめざそう！」

1 お金《かね》は足《た》りる？

おこづかいをもらって、すぐにぜんぶを使《つか》ってしまっては、あとで買《か》いたいものがあったときに、こまってしまいます。

毎月《まいつき》や毎週《まいしゅう》、きまったおこづかいをもらっている人《ひと》は、そのおこづかいをどのように使《つか》うのか、けいかくをたてておくといいですよ。

マンガやおかしなどいつも買《か》うもの、または、買《か》うよていのものがあれば、その分《ぶん》のお金《かね》をとっておきます。のこりのお金《かね》が、ほかのものに使《つか》えるお金《かね》です。お金《かね》が足《た》りないときには、つぎのおこづかいまで、少《すこ》しがまんです。

「クルミ3つは、ぼくが食《た》べるからとっておいて、こっちの3つは、何《なに》かとこうかんしよう。」

②うちにあるものは、使《つか》いきった？

お店《みせ》では、いろいろなものを売《う》っています。おいしそうなおかしや、かっこいいえんぴつ、けしゴムが、見《み》つかるかもしれません。でも、食《た》べかけ、使《つか》いかけのものがおうちにありませんか？

どんどん新《あたら》しいものを買《か》っていたら、どうなるでしょうか？　おうちのおかしいれも、つくえの引《ひ》き出《だ》しも、いっぱいになってしまいます。

もっているものは、最後《さいご》まで使《つか》ってから、新《あたら》しいものを買《か》うようにすると、ものがあふれてしまうようなことはないですね。

「食《た》べかけのニンジンがあったのに、
またニンジンをとってきちゃった。
これじゃ、ニンジンが
くさっちゃうよ。」

[3] 長《なが》く使《つか》えるもの？

おもちゃやゲームを買《か》ったあとに、つまらなかった、あきちゃった、とすぐにあそばなくなったら、もったいないですね。

　買《か》うまえに、そのおもちゃやゲームが、長《なが》くあそんだり、使《つか》ったりできるものか、よく考《かんが》えてみましょう。おうちの人《ひと》といっしょにしらべたり、友《とも》だちにきいたり、見本《みほん》があれば、ためしてみてもいいでしょう。

　お店《みせ》で見《み》かけて、きゅうにほしくなったときでも、あわてて買《か》わないで、まずはあそび方《かた》や使《つか》い方《かた》をじっくりと考《かんが》えてみてください。

「リュックは、
いろいろべんりに使《つか》えるよ。」

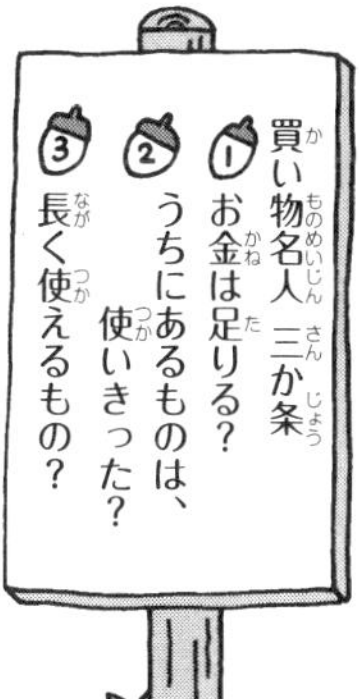

おこづかいは、きえていく？

もらったおこづかいが、いつのまにかなくなってしまう、という人《ひと》は、買《か》い物《もの》をしたときに、何《なに》を買《か》ったのかを書《か》いておくといいですね。そうすれば、いつのまにかきえちゃった、と思《おも》うこともなくなります。

最初《さいしょ》は、かんたんなきろくから、始《はじ》めてみてください。おこづかいで買《か》い物《もの》をしたら、その日《ひ》のうちに、ノートやメモ帳《ちょう》に、買《か》った日《ひ》、買《か》ったもの、金《きん》がくを書《か》いておきます。こうすれば、自分《じぶん》が何《なに》にいくら使《つか》ったのか、すぐにわかりますね。

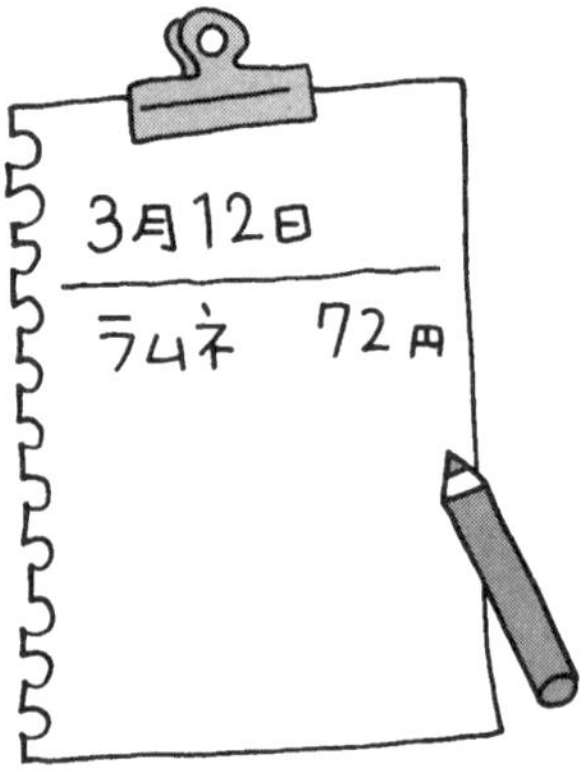

もっとしっかりきろくをしたい、という人《ひと》は、「おこづかい帳《ちょう》」にちょうせんしてみては、どうでしょうか？　おこづかい帳《ちょう》は、下《した》の絵《え》のようなページになっています。

おこづかいをもらったら、「うちわけ」に「おこづかい」と書《か》いて、「はいったお金《かね》」に、もらったおこづかいの金《きん》がくを書《か》きます。

買《か》い物《もの》をしたら、「うちわけ」に買《か》ったものを書《か》いて、「使《つか》ったお金《かね》」にその金《きん》がくを書《か》きます。つぎに、「はいったお金《かね》」から「使《つか》ったお金《かね》」を引《ひ》いて、その金《きん》がくを「のこったお金《かね》」に書《か》きます。

けいさんがたいへんですが、のこったお金《かね》がすぐにわかって、べんりですね。

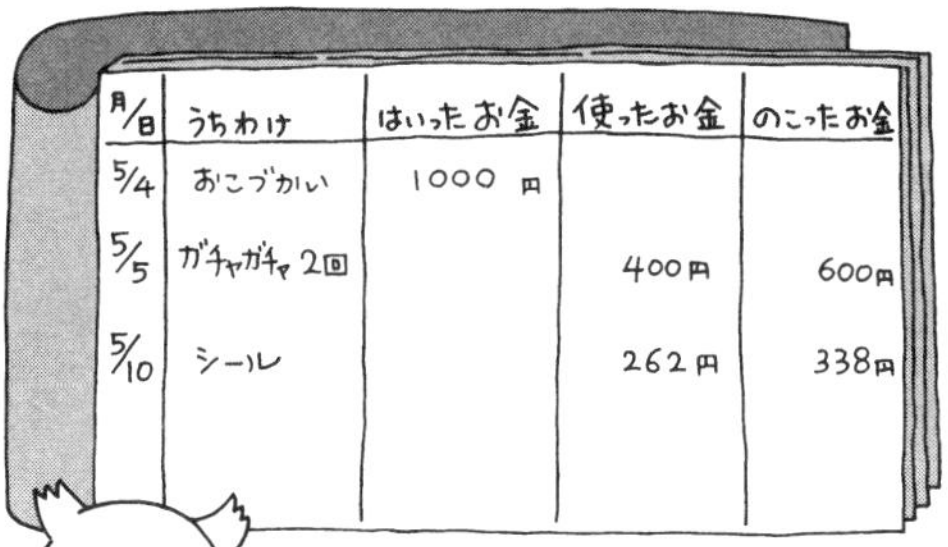

月/日	うちわけ	はいったお金	使ったお金	のこったお金
5/4	おこづかい	1000円		
5/5	ガチャガチャ 2回		400円	600円
5/10	シール		262円	338円

「むずかしそうかな？
じぶんのすきなやり方《かた》で、
いいんだよ。」

それはいくら？　ねだん大《だい》たんけん

よく買《か》うもののねだんは、おぼえていますか？　けいかくをたてて、買《か》い物《もの》をするために、ねだんをしらべてみましょう。

何《なに》か、はっけんがあるかもしれませんよ。

「グミはいくらかな？
「お店《みせ》によって、

買《か》い物《もの》ゲームをしてみよう！

もし、500円《えん》のおこづかいがあったら、何《なに》を買《か》いますか？　しらべたねだんを使《つか》って、「500円《えん》買《か》い物《もの》セット」のくみあわせを、いろいろ作《つく》ってみましょう。

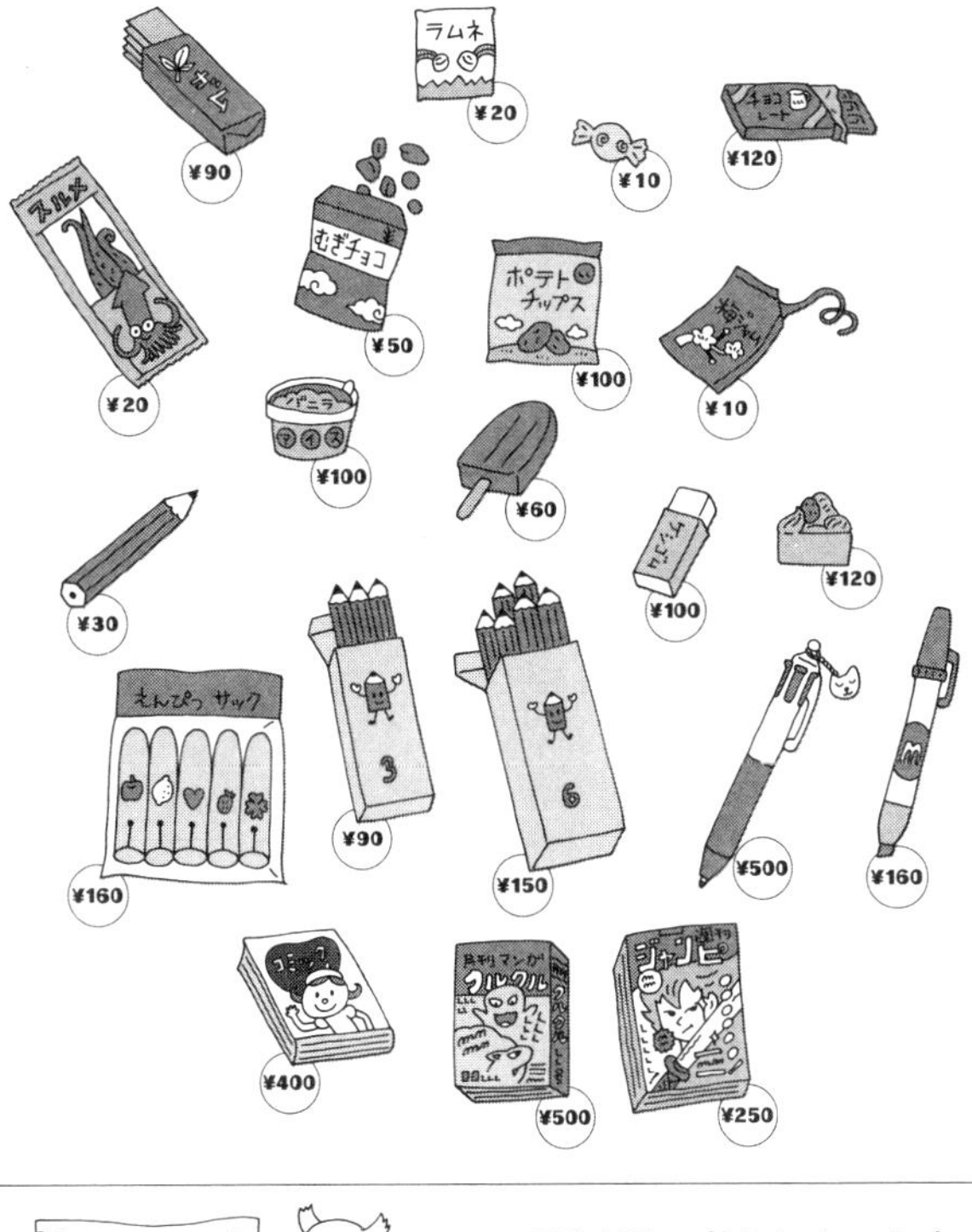

「ぼくは、おかしセットを作《つく》ってみたよ。たくさん買《か》えるね！」

じょうずなおつりのもらい方《かた》

１００円《えん》玉《だま》や10円《えん》玉《だま》で買《か》い物《もの》をしたら、１円《えん》玉《だま》のおつりがたくさんたまっちゃう。そんなときには、１円《えん》玉《だま》をうまく使《つか》って、買《か》い物《もの》をしてみましょう。

たとえば、46円《えん》をはらうときに、50円《えん》といっしょに、６円《えん》をだします。

56円《えん》－46円《えん》＝10円《えん》

おつりは、10円《えん》玉《だま》１まいになります。

チャレンジもんだい！

937円《えん》の買《か》い物《もの》に、1000円《えん》さつ１まいとコインでお金《かね》をはらいます。100円《えん》のおつりをもらいたいときには、いくら分《ぶん》のコインをだせばいいのでしょうか？

答《こた》えは、このページの下《した》にあります。

答《こた》え　37円《えん》

ぼうけんのおわりに

ミゲルといっしょに、お金《かね》のせかいを、ぼうけんしてきました。ミゲルのお話《はなし》が、じつはお金《かね》のことだったというなぞは、とけましたか？

ミゲルが、クルミや竜《りゅう》のうろこを、いろいろなものとこうかんしたように、みなさんはお金《かね》を使《つか》って、いろいろなものを買《か》っています。

お金《かね》はたいせつですから、しまうところをちゃんときめて、よく考《かんが》えて使《つか》うようにするといいですね。

ミゲルとのぼうけんは、ここでおしまいです。こんどは、みなさんが自分《じぶん》でぼうけんをする番《ばん》です。おこづかいを使《つか》いながら、お金《かね》のせかいをぼうけんしてください。

斉藤　洋（さいとう　ひろし）

亜細亜大学教授。1986年『ルドルフとイッパイアッテナ』で講談社児童文学新人賞受賞。1988年『ルドルフともだちひとりだち』（講談社）で野間児童文芸新人賞受賞。1991年「路傍の石」幼少年文学賞受賞。おもな作品に『ほらふき男爵の冒険』「白狐魔記」「アラビアン・ナイト」シリーズ（偕成社）、「なん者ひなた丸」「ナツカのおばけ事件簿」シリーズ（あかね書房）、『日曜の朝ぼくは』『テーオバルトの騎士道入門』「西遊記」シリーズ（理論社）、『ルーディーボール』（講談社）などがある。

森田みちよ（もりた　みちよ）

おもな絵本の作品に『うとうとまんぼう』『ぷてらのタクシー』（講談社）、『しりとりたぬき』『しりとりこあら』「ミニしかけ絵本」シリーズ（岩崎書店）、『がんばれ！　とびまる』「ぶたぬきくん絵本」シリーズ（佼成出版社）、おもな挿絵の作品に『ドローセルマイアーの人形劇場』（あかね書房）、『クリスマスをめぐる7つのふしぎ』『日曜の朝ぼくは』『黄色いポストの郵便配達』『夜空の訪問者』「なんでもコアラ」「いつでもパラディア」シリーズ（理論社）などがある。

キッズ生活探検団

奥澤朋美（おくざわ　ともみ）

広告代理店で宣伝活動の企画立案を手がけた後、フリーで通訳・翻訳を行う。子育て、小学校での読み聞かせを通じて、子どもの本の魅力を再認識。現在は、翻訳をする傍ら、児童書翻訳ゼミに参加。

おおつかのりこ（大塚　典子）

子どもの本好きが集まる「やまねこ翻訳クラブ」で文章鍛錬を重ね、現在は児童書翻訳に携わる。翻訳、おはなし会、絵本紹介、児童書研究などを通じて、たくさんの小さな心に本の楽しさを届けたいと奮闘中。

檀上聖子（だんじょう　せいこ）

出版社勤務等を経て、2004年に出版企画工房「本作り空sola」を立ち上げる。次世代につながる仕事、記録する仕事をしていきたい、と思っている。

「ミゲルとぼうけんしよう　お金のせかい」

◆参考文献

『お金の不思議　貨幣の歴史学』国立歴史民俗博物館編／山川出版社
『クレジットの知識』植田蒼／日経文庫
『お金のはなし』久保田晃／さ・え・ら書房
『貨幣』〈日本史小百科〉瀧澤武雄・西脇康編／東京堂出版

◆取材協力（五十音順、敬称略）
秋山和慶　秋山大周　浅野仁子　阿部航平　阿部瑞希　石橋虹名泉　大塚麻里子　金沢菜央　金沢真衣　毛戸凛太朗　河野直美　酒井武　塩谷優太　高橋美江　内藤文子　中尾柊也　中尾将也　中村天音　三浦玲摩　村上利佳　梁取勇作　山崎満莉菜　山崎能活　山下真実　横山羽依　横山魁度　吉井駿一　和田杏香

◆編集・制作：本作り空sola
中浜小織（装丁）
伊藤美保・河尻理華・檀上聖子（編集）
檀上啓治（制作）

キッズ生活探検《せいかつたんけん》　おはなしシリーズ

ぼうけんしよう　お金《かね》のせかい

2010年10月25日　初版第1刷発行

作　斉藤洋とキッズ生活探検団
絵　森田みちよ
発行者　小原芳明
発行所　玉川大学出版部
〒194-8610　東京都町田市玉川学園6-1-1
TEL 042-739-8935　FAX 042-739-8940
http://www.tamagawa.jp/introduction/press/
振替:00180-7-26665
編集　森 貴志

印刷　製本　大日本印刷株式会社

乱丁・落丁本はお取り替えいたします。

Printed in Japan
ISBN978-4-472-05910-0 C8037 / NDC159